Marie Aubinais • Laura Bour

Petit Ours Brun

veut protéger la planète

bayard jeunesse

Après l'école, Petit Ours Brun
demande à sa mamie :
– Tu sais ce que ça veut dire
« zéro déchet » ?
Il explique :
– C'est quand on ne jette rien
à la poubelle, et c'est très bien.
C'est la maîtresse qui l'a dit.

Mamie est impressionnée.
Elle sourit : – Et bien,
quand je fais des cookies
pour le goûter, il n'y a pas
de paquet à jeter !
Petit Ours Brun s'écrie :
– Bravo Mamie !

Petit Ours Brun demande
à son papi :
– Je bois dans une gourde,
tu sais pourquoi ?
Papi fait non avec la tête.
Petit Ours Brun dit :
– Comme ça, pas de bouteille
à jeter. C'est mieux, tu vois !

Petit Ours Brun parle à Nounou :
– Ce pull était à mon cousin avant, mais il est trop petit pour lui. Alors il me l'a donné, et je le mets tout le temps !
Nounou ajoute : – Et comme ça, on ne l'a pas mis à la poubelle. C'est super !

Petit Ours Brun jette
les épluchures au compost
avec son papa.
Des vers vont tout manger
et tout transformer
en une sorte de terre
qui fera pousser les plantes.
Petit Ours Brun est très intrigué.

Petit Ours Brun nourrit
les poules de son école.
Il donne des restes du repas
à Poulette.
Il lui dit : – Eh ben, dis donc toi,
tu manges les déchets et tu fais
des œufs, t'es trop forte !

La maîtresse dit :
– On dirait que Poulette
a compris qu'il ne faut plus
de déchets, parce que zéro déchet,
c'est bon pour la planète.
Petit Ours Brun répond :
– Elle n'est pas bête, Poulette !

Découvre d'autres albums de Petit Ours Brun

18 rue Barbès – 92120 Montrouge.
Illustrations originales : Danièle Bour. Réalisation : Laura Bour. Texte : Marie Aubinais
ISBN : 979-1-0363-4143-4 - Dépôt légal : mars 2022
Loi n° 49-956 du 16 juillet 1949 sur les publications destinées à la jeunesse. Imprimé en Italie.